Soul of Lisbon

GUIDE DES 30 MEILLEURES EXPÉRIENCES

AUTEURS : FANY PÉCHIODAT
ET LAURIANE GEPNER

ILLUSTRATIONS : COLINE GIRARD

PHOTOS : PAULA FRANCO @LISBONBYLIGHT

PHOTO COUVERTURE : ANDREA NUÑEZ @ANDREANNU

ÉDITIONS JONGLEZ

guides de voyage

ATUM NATURAL
MINOR

“LONGTEMPS, NOUS AVIONS
GARDÉ CE MOT DE PASSE
ENTRE NOUS : LISBONNE.

SI NOTRE HISTOIRE TOURNAIT
MAL, LA VILLE BLANCHE SERAIT
NOTRE POINT DE CHUTE.”

OLIVIER FRÉBOURG

DANS CE GUIDE **VOUS NE TROUVEREZ PAS**

- L'itinéraire du Tram 28
- L'adresse de l'ascenseur Santa Justa
- Le dîner-fado le plus touristique

EN REVANCHE, DANS CE GUIDE **VOUS TROUVEREZ**

- Des champignons hallucinants (à défaut d'être hallucinogènes)
- Un cocktail à remonter le temps
- Le plaisir de courser les nuages /courir-contempler
- Une fête grande comme un palais
- Cinquante nuances de vert au milieu de la ville
- Le faim mot sur la morue
- Le 06 du libraire venu d'un autre monde
- Un dîner clandé
- Le palmier qui peut vous faire prendre l'avion
- Où trinquer avec un vieux de la vieille

Ce guide n'est pas exhaustif. Il n'a pas vocation à l'être. Pour ça, il y a les autres...
Notre parti-pris est à l'opposé de l'hyperchoix. Plutôt que de vous proposer mille idées que vous n'aurez pas le temps d'explorer en quelques jours, nous en avons sélectionné 30. Bien sûr, la tentation était grande de filer jusqu'à 40, 50... Mais non : la consigne ne souffrait pas le pas de côté. Du coup, on a écumé Lisbonne sans compter nos pas, grimpé et dévalé les collines, parlé avec les personnages croisés sur notre passage, croqué dans tout ce que la ville comptait de comestible, bu quelques nectars (la conscience professionnelle nous guidait), exploré ses coins et recoins, ruelles et venelles...

Et vous voilà tenant dans les mains le fruit de notre travail. Une sélection de 30 expériences pour goûter à Lisbonne, l'apprivoiser et – on l'espère – l'aimer.

LES SYMBOLES DE **«SOUL OF LISBON»**

< 10 euros

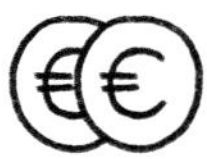

10 à 40 euros

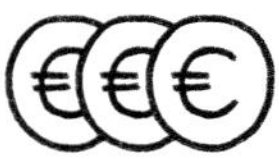

> 40 euros

Premier arrivé
Premier servi

Réservation
conseillée

100 % lisboète

Certains la disent magnétique. D'autres la comparent à une dame âgée qui aurait perdu presque toutes ses bagues mais gardé son allure. Certains la disent éternelle, d'autres qu'elle perd son âme à mesure qu'elle change de visage. La vérité est peut-être, comme souvent, à la croisée de l'Histoire, des souvenirs et des rêves, collectifs et personnels. Quelque part dans un tram brinquebalant, traversant les âges et les collines, dans le rose passé d'une façade de la Mouraria, réveillé par un rayon de soleil qui passait par là, dans le cœur battant de la ville, le Chiado, dans la gouaille de Graça ou la majesté de Belém. Dans les miradouros perchés aux sommets de la ville. Dans le Tage, enfin, ouvrant sur l'océan par lequel les grandes explorations portugaises des XVe et XVIe siècles s'en vont, par lequel elles reviennent.

Lisbonne ressemble au mouvement de ces vagues, glissant entre le large et le rivage. Est-on dans une capitale incontournable de la scène start-up, une ville jeune et créative, portée sur la tech, projetée vers l'avant ? Ou dans l'une des plus vieilles cités européennes, couverte d'azulejos qui vous regardent de leurs mille yeux bleus sans ciller depuis plusieurs siècles ? Les deux. Lisbonne jongle avec les temps, saute du passé au futur proche en deux pas de porte. Là, un coffee shop aux lignes claires, élève modèle d'Instagram, ici une boutique qui existe depuis 1789 et où l'on fabrique les bougies à l'ancienne, aujourd'hui comme hier, comme demain. Ou peut-être pas : le sort de Lisbonne inquiète. Les anciennes boutiques ferment leur portes, les façades ravalées font partir un peu de la Lisbonne d'hier.

Il est pourtant une chose qui n'est pas prête de changer à Lisbonne. Sa lumière. Si singulière qu'elle donnerait à n'importe qui l'idée folle de ne jamais la quitter, ou de tout quitter pour elle. Elle s'explique par la réverbération de l'eau sur le Tage, que l'on appelle "Mer de Paille" pour ses reflets dorés. Une lumière qui chahute les pavés blancs, éclabousse tout sur son passage – et les façades dansent avec elle comme des ombres chinoises. Lisbonne s'écrit dans cette lumière éternelle, dont une lisboeta nous dit : "Je n'ai jamais vu pareille lumière ailleurs. Mes jours préférés sont les jours où il fait gris : les pavés sont d'un blanc tellement pur qu'ils donnent une impression de volume infini", avant d'ajouter "Lisbonne est un poème à regarder." On ajouterait "et à découvrir". La preuve par 30.

ANTONIO
AIGUISEUR DE COUTEAUX

30 EXPÉRIENCES

01. Le chef qui ne cuisine que des champignons
02. Une seule table
03. Librairie de poche : 3,8 m^2, 3 000 livres
04. LX Factory, mini-ville créative
05. Pour les mordus de morue
06. Un 400 mètres sur un rooftop
07. Le ceviche d'une vie
08. Apéro haut perché
09. Le repaire secret des chanteurs de Fado
10. Le temple de la nouvelle cuisine portugaise
11. Rapporter des azulejos portuguais
12. Un poisson grillé à Ponto Final
13. Le meilleur concept-store de Lisbonne
14. L'hôtel le plus intimiste
15. Palais d'hier, fête d'aujourd'hui
16. Croquer dans une bifana
17. Se la jouer entrepreneur lisboète
18. Cantine métissée
19. Une araignée de mer à la petite cuillère
20. Se faire une toile sur les toits
21. Laisser la nuit filer au Damas
22. Se promener dans l'Estufa Fria
23. Un gin'to dans une maison close
24. La jeune garde de la céramique
25. 3 tabourets et 1 liqueur
26. Dormir avec Lisbonne à ses pieds
27. Petit café, grand angle
28. Pastéis de nata versus palmier : le match sucré
29. Parler à des inconnus au Procopio
30. Comme à la maison (portugaise)

...

31. Dîner clandestin

22
6
29
28a
23
7
24
2
BAIRRO ALTO
8
BAIXA CHIADO
17
13
15
19a
26c
30
21
14
1
25
5
18
27
11
3
9
20
26b
16a
10
26a
16b
Alfama
Ponte
DE ABRIL
Almada
12

centro das
artes culinárias
exposições • eventos
• loja • aulas de cozinha
VINHOS
E
PETISCOS
COGUMELOS
PAINTING - OLD PHOTOS

01

LE CHEF QUI NE CUISINE **QUE DES CHAMPIGNONS**

Qui s'autoproclame "temple du champignon" a intérêt à avoir de sérieux arguments. Qu'à cela ne tienne : dans ce restaurant caché au premier étage d'un bâtiment industriel, le chef voue un culte aux champignons… Et de l'entrée au dessert, de raviolis aux morilles fondantes en crème brûlée à la truffe, vous finirez aussi par vous dire que le paradis du champignon existe – et que vous y êtes. Un secret à se refiler sous le manteau entre fervents champignonnistes.

SANTA CLARA DOS COGUMELOS
MERCADO DE SANTA CLARA
CAMPO DE SANTA CLARA,
1100-472 LISBOA

€€

MAR-VEN : 19h30 / 23h
SAM : 13h / 15h - 19h30 / 23h

DIM : 19h30 / 23h
LUN : fermé

+351 913 043 302

02

UNE SEULE **TABLE**

18 m^2, 3 chefs, 1 seule table, 10 places, 1 menu, 5 plats. Voilà pour les chiffres. Et les mets ? Préparés devant vous par la brigade du chef Andre Lança Cordeiro, dans un menu en cinq plats capable de renverser le petit comité. Une cuisine précise qui revisite les classiques portugais et les réveille d'influences d'ailleurs. Tablée unique oblige, vous pourrez peut-être même vous faire de nouveaux copains. C'est ce qui s'appelle faire d'une pierre deux coups – et se régaler, au passage. Réservation obligatoire.

CRÉDITS : JOÃO MIGUEL SIMÕES

LOCAL
RUA DE O SÉCULO 2046F
1200-435 LISBOA

TOUS LES JOURS :
19h30 / minuit

2 services
+351 925 675 990

LOCAL
4 CHEFS
UMA MESA / ONE TABLE
10 LUGARES / 10 SEATS
NOW OPEN @ LUNCH

LOCAL

206
LOCAL
3 CHEFS
18M²/18 SQM
UMA MESA/ONE TABLE
10 LUGARES/10 SEATS
RESERVAS/BOOKINGS
LOCAL.ONESUPERB.COM
+351 925 675 930
204
OPEN

LOCAL
3 CHEFS
18 M²/18 SQM
LOCAL

18
CORREIO

03

LIBRAIRIE DE POCHE : 3,8 M^2, 3 000 LIVRES

Dans une autre vie, Simão Carneiro était œnologue. Depuis 2008, il passe ses journées dans un ancien bureau de tabac qu'il a transformé en minuscule librairie. À l'intérieur, plus de 3 000 livres d'occasion collés-serrés, qui se vendent de 1 € à 1 000 € pour les ouvrages les plus rares. Le lieu est si petit qu'une seule personne peut y entrer. L'essentiel est ailleurs, entre les pages de ces livres rassemblés avec passion par leur propriétaire.

Attention : si la démarche est poétique, les horaires aussi. Appelez Simão avant d'y aller pour ne pas risquer de trouver porte close.

LIVRARIA SIMÃO
ESCADINHAS DE SÃO CRISTÓVÃO 18
1100-213 LISBOA

LUN-VEN : 9h30 / 19h
SAM : 9h30 / 15h

+351 961 031 304

LIVRARIA SIMÃO

Falta-me
um
sentido,
um
tacto
LISBOA

LX FACTORY
R. RODRIGUES DE FARIA, 103
1300-501 LISBOA

Voir les horaires de chaque boutique et restaurant
sur lxfactory.com

04

LX FACTORY, MINI-VILLE CRÉATIVE

Sous le pont du 25-Avril, l'une des plus grandes usines textiles de la ville s'est transformée en labo contemporain. 23 000 m^2 de créativité distillée dans les studios d'artiste, cafés, ateliers et boutiques. Bienvenue dans la Brooklyn lisboète.

LANDEAU

Distributeur officiel du "meilleur gâteau au chocolat du monde" selon le *New York Times*. Le gâteau en question joue sur les textures, calme l'attaque du sucre avec une pointe d'amertume... En dire plus, ce serait gâcher la surprise.

THE THERAPIST

Joana, la proprio, s'est donnée pour mission de soigner le corps et l'âme. Pour le premier, une cantine bio, équilibrée et délicieuse. Pour le second, une salle dédiée aux soins (massage, naturopathie et même de la "bibliothérapie" avec les copains de Ler Devagar).

LER DEVAGAR

Les livres squattent les étagères du sol au plafond. On peut boire un thé au milieu de la librairie, piocher un roman et laisser filer les heures.

RIO MARAVILHA

Au quatrième étage du bâtiment principal, l'ex-cantine des employés de l'ancienne usine sert aujourd'hui une cuisine festive et des cocktails qui n'ont pas à rougir.

© LER DEVAGAR

RIO MARAVILHA

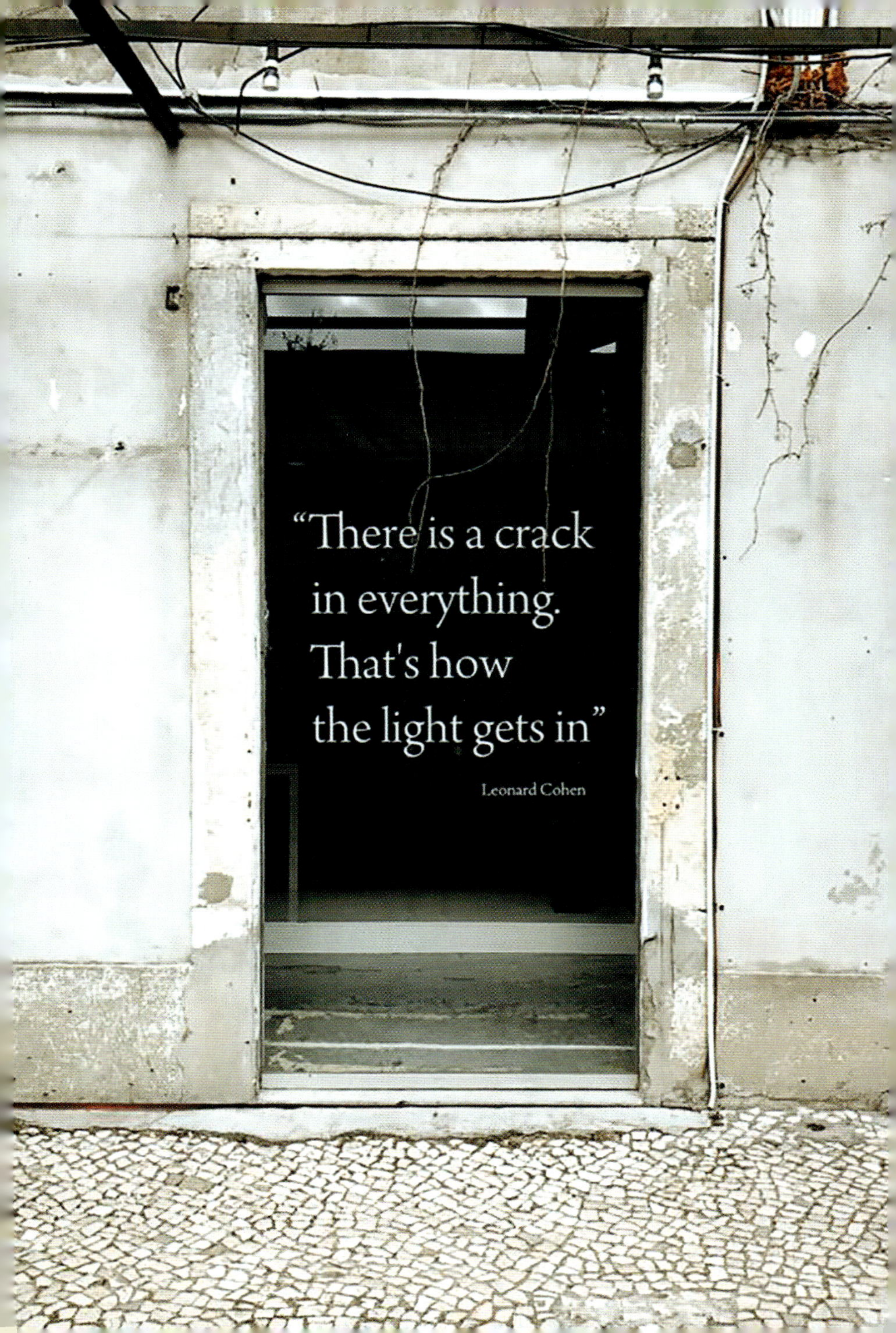
"There is a crack
in everything.
That's how
the light gets in"
Leonard Cohen

LXFACTORY
103

AMIRA-@LAGIRLINBLEU

05

POUR LES MORDUS **DE MORUE**

Pour comprendre la place de la morue, dans la cuisine portugaise, il faut commencer par cette blague populaire :

- Il y a 1 000 façons de cuisiner le bacalhau.
- Ah non, 1 001 ! Il y a ma recette aussi.

Et sa place, la morue l'a bien trouvée ici, dans cette épicerie fine ouverte depuis le XIXe siècle. D'un côté, les fromages, le vin et la charcuterie. De l'autre, la meilleure morue pêchée dans l'Atlantique, traitée avec différents temps de salaison (de 6 à 20 mois). Elle est vendue au poids et coupée sous vos yeux.

MANTEIGARIA SILVA
RUA DOM ANTÃO DE ALMADA, 1
1100-373 LISBOA

LUN-SAM : 9h / 19h30
DIM : fermé

OLIVE OIL
Camponês
AZEITE
BACALHAU
ESPECIAL
ISLANDIA
K 19.60 €
Lt 807902
RA
MESES
BACALH
ISLÂN
Lt. 807903

AZEITE
OLIVE OIL
Camponês
EA
1923
MANTEIGARIA SILVA
1977
Jornal "O DIA"

EA

06

UN 400 MÈTRES
SUR UN ROOFTOP

Entrez dans l'hôtel, marchez en direction de l'ascenseur d'un pas assuré, appuyez sur le -1. Arrivé au Spa, prenez un pass d'une journée. Changez-vous, prenez l'ascenseur, filez au 11e étage. Mirage face au Tage, une piste de running est posée là sur le toit. Pour faire la course avec le soleil, défier les nuages, les jambes dans les airs, le regard embrassant Lisbonne à 360°. Tout simplement magique*.

*La magie ayant un coût assez élevé, ce running 5 étoiles est tout indiqué pour un cadeau. Le pass d'une journée comprend l'accès à la salle de sport et au Spa. On vous garantit que vous (ou la personne que vous régalez) ne le regretterez pas.

CRÉDITS : FOUR SEASONS HOTEL RITZ LISBON

€€€

FOUR SEASONS HOTEL RITZ LISBON
R. RODRIGO DA FONSECA 88
1099-039 LISBOA

Accès à la salle de sport et à la piste :
TOUS LES JOURS : 6h30 / 22h

07

LE CEVICHE **D'UNE VIE**

Retenez bien son nom : Kiko Martins. Il fait partie des têtes d'affiches de la food lisboète. Dans sa Cevicheria, sous le regard protecteur d'un poulpe géant accroché au plafond, la brigade s'active. Les voilà qui tranchent, émincent, cisèlent les poissons avant de les transformer en ceviches modèles. Du poisson blanc travaillé avec une purée de patate douce, relevé d'algues et de leche de tigre au thon, lové dans une concoction coco-citronnelle-kaffir, une seule certitude : les ceviches de Kiko sont à grimper au poulpe.

Seul inconvénient : pas de réservation. Prévoyez d'arriver en dehors des heures de pointe ou ralliez l'autre comptoir de Kiko Martins, "O Surf & Turf" au Time Out Market. Le menu est presque le même, la queue, largement moins impressionnante. Un secret bien gardé (pour le moment).

A CEVICHERIA	O SURF & TURF (TIME OUT MARKET)
RUA D. PEDRO V, N° 129 PRÍNCIPE REAL 1250-095 LISBOA	**AV. 24 DE JULHO 49 1200-479 LISBOA**
TOUS LES JOURS : 12h / minuit	DIM-MER : 10h / minuit JEU-SAM : 10h / 2h

€€

08

APÉRO
HAUT PERCHÉ

On surnomme Lisbonne "la ville aux sept collines". Ce qui veut dire en pratique que : 1) si vous l'explorez bien, vos jambes s'en souviendront et 2) qu'à l'heure de l'apéro, la meilleure récompense consiste à prendre de la hauteur et tutoyer les toits, un cocktail à la main. Le rooftop, comme un écho contemporain aux miradouros de la ville qui regardent Lisbonne s'étirer jusqu'au Tage...

Du haut de son toit de parking, PARK a lancé la mode du rooftop à Lisbonne. Y aller, c'est constater que même s'il n'est plus du tout difficile à trouver, il n'a pas à rougir face à la concurrence. Caïpirinha bien sous tout rapport, bonnes ondes et Lisbonne à 180°. Notre conseil : allez-y tôt pour ne pas rester debout.

€

PARK
CALCADA DO COMBRO 58
1200-115 LISBOA

MAR-SAM : 13h / 2h

09

LE REPAIRE SECRET DES **CHANTEURS DE FADO**

D'abord, cette lourde porte en bois bleu ornée d'une poignée dorée. Magistrale, intimidante, qu'on essaie d'ouvrir avant de comprendre qu'il faut sonner. Quelqu'un nous ouvre. C'est ici, dans l'obscurité de ce palais XVIIIe aux azulejos anciens que les chanteurs de fado se retrouvent après avoir donné de la voix ailleurs.

Les musiciens infiltrent leur repaire au compte-gouttes. Vers 23h, une fadiste chante la saudade, accompagnée par deux guitaristes, joignant les gestes à la voix, l'émotion au regard... Dans quelques minutes, ce sera une autre voix, d'autres musiciens mais toujours ce même frisson : le fado. Et le spectacle se poursuit jusqu'à ce que le sommeil gagne la partie. Parfois jusqu'à 2h, parfois jusqu'au petit-déjeuner.

MESA DE FRADES
R. DOS REMÉDIOS 139
1100-304 LISBOA

LUN-SAM : 20h30 / 2h

MESA DE FRADES

Restaurante / Restaurant
Mesa
de Frades

PRADO
TRAVESSA DAS PEDRAS NEGRAS, 2
1100-404 LISBOA

€€

MER-SAM : 12h / 15h30 - 19h / 2h
DIM : 12h / 17h
LUN-MAR: fermé

+351 21 053 4649

10

LE TEMPLE DE LA **NOUVELLE CUISINE PORTUGAISE**

Prado veut dire "prairie" en portugais. Et c'est dans cette direction que regarde la cuisine du chef Antonio Galapito, *aka* l'étoile montante du Portugal qui se mange. Après avoir fait ses classes avec le chef Nuno Mendes à Londres, il signe dans son restaurant lisboète une cuisine libre et inspirée de la mouvance "de la ferme à la table". Produits venus des quatre coins du pays, assiettes dont la composition change tous les jours en fonction des saisons et de l'humeur du chef... Et une seule constante : le goût du Portugal d'aujourd'hui.

CRÉDITS : RODRIGO CARDOSO

- ANTONIO GALAPITO -

CHEF DE PRADO

Quel est votre plus vieux souvenir de cuisine ?
Je suis né près de Sintra, où le cochon de lait grillé est une spécialité. Peut-être plus encore que le goût, c'est l'odeur qui me donne l'eau à la bouche... Ma mère le faisait griller au feu de bois, et on sentait les effluves d'ail, de paprika, de vin blanc, de poivre noir.

Vous le servez au Prado ?
Parfois, mais c'est un peu plus technique avec un four normal et 7 à 8h de cuisson. On le sert différemment de la recette traditionnelle aussi : la viande, la sauce et... c'est tout. Exit l'accompagnement. La viande est si fondante qu'elle se suffit à elle-même.

Quand est-ce que vous avez su que vous seriez chef ?
À 14 ans, j'étais nul à l'école. Je n'étais pas passionné par la cuisine, je n'aimais pas particulièrement manger – d'ailleurs un bon steak était pour moi un steak bien cuit, alors vous voyez... Mais c'est là que ma mère m'a suggéré d'opter pour l'école de cuisine. J'y suis allé et je n'ai pas lâché.

Et si vous faisiez autre chose...?
Je ne me verrais pas faire autre chose, non. Ou peut-être fermier, quand j'aurai 60 ans ?

Prado est-il un restaurant portugais ?

Oui, dans le sens où tous nos produits (sauf le sucre) viennent de producteurs portugais des quatre coins du pays. C'est notre seule règle, et avec elle on construit le menu, qui change un peu tous les jours en fonction des arrivages et des envies. Quand on voit de nouveaux poissons, on demande toujours s'ils ont été pêchés dans les eaux portugaises. Si c'est non, on ne prend pas !

ANTONIO GALAPITO

Votre pêché mignon à la carte ?

Elle change tous les jours mais certains plats y figurent toujours et leur composition varie très peu. Un de mes préférés (ou peut-être mon préféré !) est le pain, servi avec une pâte à base de beurre de lait de chèvre, gros sel fumé, gras de cochon, ail et compotée d'oignon caramélisé... Je ne m'en lasse pas.

Un fun fact sur la cuisine portugaise ?

Les Portugais ont toujours été de grands voyageurs. Vous savez que ce sont eux qui ont importé les tempuras au Japon ? Et de leurs expéditions, ils ont rapporté le yuzu, qui pousse maintenant au Portugal. Dans les cuisines de Prado, on l'utilise à la place du citron : ça vous emmène tout de suite ailleurs.

PALÁCIO BELMONTE
CRÉDITS : MARKO ROTH

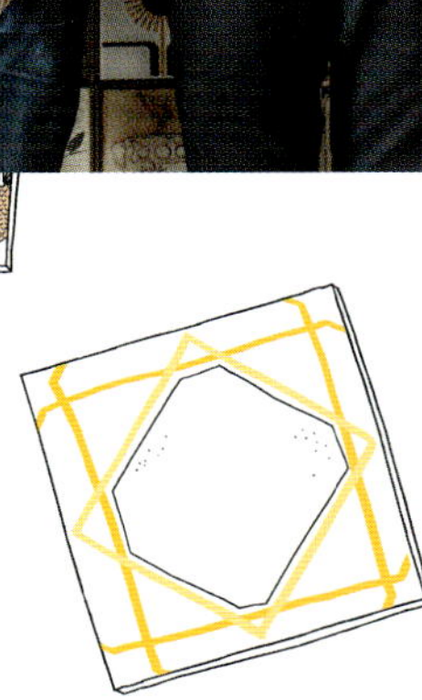

11

RAPPORTER DES **AZULEJOS PORTUGUAIS**

À force de voir des azulejos partout, vous aurez peut-être envie d'en voir… chez vous. Cap sur cette cette boutique, où la chose est prise au sérieux et en famille. De 1979 à 2013, l'entreprise de Joaquim José Cortiço vendait de grandes séries d'azulejos. Elle a été reprise par quatre de ses petits-enfants en 2016.

On trouve ici d'anciennes séries provenant d'usines qui ont fermé leurs portes. Certaines d'entre elles sont en voie de disparition et ne comptent plus que quelques carreaux. En les achetant, on consomme responsable : la boutique se double d'une association qui œuvre pour la préservation et la diffusion de la collection d'azulejos.

CORTIÇO & NETOS
RUA MARIA ANDRADE
37D 1170-217 LISBOA

LUN-SAM : 10h / 19h
DIM : fermé

CORTIÇO & NETOS

GRÃO: { Detalhes
de uma natureza
maior { Museu
Nacional do Azulejo
18 Jul - 21 Out

RESTAURANTE PONTO FINAL

PONTO FINAL
CAIS DO GINJAL 72
CACILHAS
2800-284 ALMADA

TOUS LES JOURS : 12h / 23h
sauf le mardi

+351 21 276 0743

12

UN POISSON GRILLÉ **À PONTO FINAL**

Un petite traversée en bateau et quinze minutes plus tard, vous voilà à Cacilhas, de l'autre côté du Tage. Prenez la table qui est tout au bout de la jetée, en tête-à-tête avec Lisbonne. Le murmure de l'eau, la lumière aux dernières heures du jour, la simplicité d'un poisson grillé, juste servi avec du citron... Si ce n'est pas le bonheur, on s'en approche.

RESTAURANTE
PONTO
FINAL

PONTO FINAL
CRÉDITS : MALLORY BROOKS (BLOGGER)

A VIDA PORTUGUESA
LARGO DO INTENDENTE PINA MANIQUE 23
1150-017 LISBOA

TOUS LES JOURS : 10h30 / 19h30

13

LE MEILLEUR CONCEPT-STORE DE LISBONNE

La voilà, la réponse portugaise à « Nos régions ont du talent ». Ce concept-store, le plus grand des quatre espaces créés sur l'impulsion de Catarina Portas, concentre le meilleur de l'artisanat venu des quatre coins du Portugal. Soit 500 m² où l'on évolue de pièce en pièce, en commençant par le salon, où les plaids en laine donnent des envies de sieste, en bifurquant vers la cuisine, entre céramique et produits d'épicerie fine, avant de lorgner sur la papeterie et les onguents. Tout est sélectionné avec soin et joliment mis en scène. On vous met sérieusement au défi de repartir les mains vides.

PHOTO : CHIADO

A VIDA PORTUGUESA
CREDITS : LOLA INTENDENTE

14

L'HÔTEL **LE PLUS INTIMISTE**

Il existe des lieux qui échappent au temps, aux modes et aux mots. L'hôtel Santa Clara 1728 est de ceux-là. Entre les murs d'un ancien palais du XVIIIe siècle, six chambres et une table d'hôtes échappées d'un rêve minimaliste, conjuguant le blanc, le beige, le bois blond et la pierre d'époque. Dehors, dans le monde extérieur, le regard est sans cesse sollicité. Derrière les grandes portes de Santa Clara ou face aux fenêtres ouvrant sur le Panthéon, dans ces pièces où rien n'est superflu, le silence existe, l'esprit s'apaise, vogue, l'âme voyage… Une certaine définition du luxe.

CRÉDITS : NELSON GARRIDO

SANTA CLARA 1728
CAMPO DE SANTA CLARA 128, RC
1100-473 LISBOA

TOUS LES JOURS : 12h30 / minuit

SANTA CLARA 1728
CRÉDITS : PIERRE VERDOUX

- JOÃO RODRIGUES -

À LA TÊTE DES MAISONS SILENT LIVING

João Rodrigues jongle avec grâce. Au-delà de sa carrière de pilote de ligne, il est aussi à la tête de quatre maisons d'hôtes d'exception au Portugal, dont Santa Clara 1728 à Lisbonne. Rencontre autour d'un petit-déjeuner d'anthologie.

D'où vous est venue cette envie d'ouvrir des maisons ?
Quand j'étais petit, la maison de mes parents était toujours ouverte, pleine de gens. ça m'a inspiré pour la suite !

Quelle est l'histoire de Santa Clara 1728 ?
La première fois que j'ai aperçu ce palais, il était en travaux. J'ai grimpé sur la façade et là... la vue m'a pris au piège. D'un côté, le Panthéon, de l'autre, le monastère et le couvent de Saint-Vincent, le Tage au troisième plan. Je savais qu'il fallait que j'habite ici et que j'y ouvre une maison d'hôtes, dans ce quartier ancien pris entre l'Alfama et Graça.

Comment définissez-vous cette philosophie du "Silent Living" ?

Elle imprègne Santa Clara, dont les grands volumes rappellent les anciens monastères. Respecter l'architecture et les matériaux traditionnels, décliner autour d'eux une esthétique minimaliste, distiller une atmosphère qui rappelle la maison de famille... Et au cœur de cette philosophie, l'idée qu'en entrant, on laisse dehors l'agitation du monde et les sollicitations, tout ce qui vient troubler la quiétude.

Quel regard portez-vous sur Lisbonne ?

Le Tage embrasse la ville, lui ouvre grand les bras. C'est ce qui me touche le plus dans la ville, son lien avec l'eau. Et pour moi qui suis toujours en mouvement avec mon métier, Lisbonne est cette maison... qui me tend les bras, à chaque fois que je rentre.

Vos endroits préférés ?

Le Musée Gulbenkian, ses jardins créés par les meilleurs paysagistes du Portugal. J'aime aussi Belém, même si elle change avec les années. Quand j'essaie de revenir dans un endroit, que j'aimerais renouer avec ces souvenirs, ce n'est souvent plus possible : il a fermé, est remplacé...

C'est ça, la saudade ?

Oui. Elle est liée à notre Histoire, au temps des grandes découvertes des XVe et XVIe siècles. Les gens partaient, vous ne saviez jamais s'ils allaient rentrer. De là vient ce manque, cette nostalgie : une émotion puissante.

Un dernier secret lisboète ?

Le meilleur moment pour apprécier la ville est... février. Les rues sont moins fréquentées, le temps s'y distille plus lentement et la lumière est toujours aussi belle.

CRÉDITS : NELSON GARRIDO

15

PALAIS D'HIER, **FÊTE D'AUJOURD'HUI**

Imaginez un grand palais doucement décati où c'est (presque) tous les jours fête – et à tous les étages. Au premier, une boum où le DJ s'amuse autant que les gens venus danser sur de la pop, de la soul, de la disco... Et du bar à la terrasse, de grandes pièces à l'allure vintage en petites alcôves où discuter privé-privé, le palais, investi par une association, joue les oasis pour esprits libres et curieux.

Jetez un œil à la programmation (concerts, DJ Set, projections), et soyez sur place avant 23h pour ne pas risquer de voir la fête... par la fenêtre. Dernier conseil : la pression immobilière est telle que le palais a des chances de disparaître. Courez-y avant qu'il ne soit trop tard.

CASA INDEPENDENTE
LARGO DO INTENDENTE PINA MANIQUE
1100-285 LISBOA

MAR-JEU : 17h / minuit
VEN-SAM : 17h / 2h

16

CROQUER DANS **UNE BIFANA**

La bifana est aux Portugais ce que le jambon-beurre est aux Français. Une solution facile, rapide, pas chère et qui a peu de chance de décevoir vraiment. Entre deux tranches de papo seco (le pain portugais), une escalope de porc très fine, marinée au vin blanc sec, jus de citron, laurier, paprika, ail et gentiment arrosée de jus de cuisson. À tartiner de moutarde juste avant de croquer dedans pour relever l'affaire, avant de finir par quelques verres de vin. Pour plus de gourmandise, croquez dans le "leitão", sandwich typiquement portugais, préparé avec du cochon de lait.

Pour la bifana :
AS BIFANAS DO AFONSO
R. DA MADALENA 146
1100-340 LISBOA

LUN-VEN : 7h30 / 19h30
SAM : 8h30 / 13h30
DIM : fermé

Pour le leitão :
NOVA POMBALINA
RUA DO COMERCIO, 2
1100-321 LISBOA

LUN-SAM : 7h30 / 19h30
DIM : fermé

NOVA POMBALINA

- FELIPA ALMEIDA ET ANA ANAHORY -

FONDATRICES DU STUDIO DE DESIGN D'INTÉRIEUR ANAHORY ALMEIDA

Quel regard portez-vous sur l'artisanat au Portugal aujourd'hui ?

Il fait l'objet d'un regain d'intérêt aujourd'hui, qui émane à la fois des jeunes d'ici et d'étrangers qui arrivent et regardent l'artisanat avec enthousiasme, sans idées préconçues. Tant mieux, parce que la plupart des artisans de l'ancienne génération qu'on a rencontrés dans le cadre de nos projets disent que peu de jeunes veulent apprendre ce qu'ils ont à transmettre. C'est en train de changer.

Comment commence une mission qui vous est confiée ?

On intègre presque exclusivement dans nos chantiers des meubles et matériaux venus du Portugal. Alors à chaque début de projet, on cherche toujours des artisans. Ce qui est drôle, c'est que la plupart de ceux que l'on essaie de contacter n'ont pas d'adresse email. Pour les rencontrer, on se déplace parfois en rase campagne, à l'autre bout du pays.

Comment liez-vous la tradition portugaise et les codes d'aujourd'hui ?
Aux artisans traditionnels, on demande de twister leurs créations, en revisitant les motifs, en y intégrant des couleurs originales. C'est un processus qui n'est pas sans risques ou surprises, mais c'est ce qu'on préfère !

Et votre regard sur la scène créative de Lisbonne ?
Elle se réveille, de nouvelles galeries d'illustration en ateliers de céramique contemporains… Et on s'en réjouit : ça nous fait plus de personnes avec lesquelles collaborer.

Lisbonne est-elle une source d'inspiration ?
Au quotidien. On s'y balade beaucoup, on se glisse dans les entrées d'immeuble et les boutiques anciennes, pour comprendre le travail réalisé sur les matériaux à l'époque. Et on prend toujours des photos de dames âgées, derrière de vieux comptoirs ! L'inspiration n'est pas du côté d'Instagram : c'est d'ailleurs ce qu'on essaie d'expliquer à nos clients…

Un endroit à voir absolument ?
Le quartier qui monte, Marvila, repaire de galeries, studios de jeunes artistes et ateliers d'artisans. Et dans un tout autre genre, le Palácio dos Marqueses da Fronteira que l'on a découvert récemment, un palais de chasse du XVIIe siècle couvert d'azulejos magnifiques.

BAIRRO DO AVILLEZ

PAGE SUIVANTE :
BECO CABARET GOURMET
CONÇU PAR LE STUDIO ANAHORY ALMEIDA

17

ÊTRE UN ENTREPRENEUR LISBOÈTE LE TEMPS D'UNE SEMAINE

Proximité immédiate de l'océan, coût de la vie décent et taux d'ensoleillement défiant toute concurrence : trois raisons qui font de Lisbonne la capitale préférée des freelances. Pour goûter à cette vie de digital nomad, embarquez deux-trois affaires et venez travailler ici une petite semaine.

Notre conseil : posez votre ordi dans les bureaux de Second Home. Perché au-dessus du Mercado da Ribeira, ce coworking inspiré tient presque du mirage. Imaginez une atmosphère studieuse, distillée dans un espace de plus de 1 000 m² envahi de plantes. Travailler sous les tropiques, faire sa pause déj au Time Out Market, finir la journée par un apéro au bord du Tage... Tentant, non ? Seul risque de l'expérience : vouloir la prolonger indéfiniment.

CRÉDITS : IWAN BAAN

SECOND HOME
MERCADO DA RIBEIRA
AVENIDA 24 DE JULHO
1200-479 LISBOA

€€

LUN-VEN : 7h30 / minuit
SAM-DIM : 12h / 18h

1 poste pour 1 semaine : 130 €
1 poste pour 1 mois : 250 €

SECOND HOME
CRÉDITS : IWAN BAAN

18

CANTINE **MÉTISSÉE**

Attachez vos ceintures, départ immédiat pour l'une des anciennes colonies portugaises : le Mozambique. Dans son petit resto, la cheffe Jeny Sulemange régale d'une cuisine qui fait l'effet d'un *hug*. En pratique, des samossa de boeuf (on en mangerait au kilomètre) aux crevettes grillées avec leur peau et relevées de citron et coriandre, du poulet lové dans une sauce à la cacahuète et coco au riz doucement parfumé, tout est soleil. Et vous fera dire "Kanimbambo" (merci) en passant devant les cuisines.

CANTINHO DO AZIZ
R. DE SÃO LOURENÇO 5
1100-530 LISBOA

€

TOUS LES JOURS : 12h / 23h

+351 21 887 6472

MOÇAMBIQUE

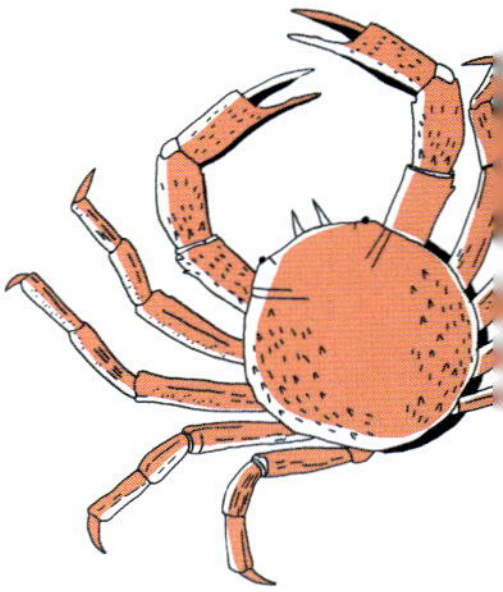

19

UNE ARAIGNÉE DE MER
À LA PETITE CUILLÈRE

Pour goûter à l'araignée de mer à la lisboète, un conseil : oubliez toute dignité. La bête vous est présentée avant d'être cuisinée. Quand l'araignée arrive, le show commence. Armé d'un marteau, on casse la carapace avant de s'appliquer à pister la chair, la plonger dans une délicieuse sauce préparée avec un mélange de mayonnaise, de moutarde, œuf, persil, pickles, mie de pain et une pincée de piment, avant de tartiner le tout sur du pain grillé généreusement beurré. Un délice qui risque fort de vous laisser avec un peu d'araignée dans les cheveux ou sur le t-shirt. Vous étiez prévenus.

Si la patience n'est pas votre première qualité, optez pour Nune's Real Marisqueira ou O Relento, deux autres restos de fruits de mer ("marisqueiras") qui acceptent les réservations.

CERVEJARIA RAMIRO **AVENIDA ALMIRANTE REIS,1 – H** **1150-007 LISBOA**	**NUNE'S REAL MARISQUEIRA** **R. BARTOLOMEU DIAS 112** **1400-031 LISBOA**	**O RELENTO** **AV. COMBATENTES DA GRANDE GUERRA 10C** **1495-034 OEIRAS**
MAR-DIM : 12h / 00h30	MAR-DIM : 12h / minuit +351 21 301 9819	TOUS LES JOURS : 12h / minuit sauf le mercredi +351 21 411 4063

20

SE FAIRE UNE TOILE SUR LES TOITS

Avant de fondre dans l'océan, le soleil colore le ciel de rose au crépuscule et la nuit s'empare de la ville... Vous l'avez ? Ça ressemble à une scène de film : l'intro parfaite au cinéma en plein air de Lisbonne. Perché sur un toit, avec la ville en fond de toile, vous êtes installés sur des transats, un cocktail à la main, prêt à (re)découvrir un classique – sous les étoiles exactement.

Réservation conseillée.

CINE SOCIETY, TOPO CHIADO
TERRAÇOS DO CARMO
1200-288 LISBOA

www.cinesociety.pt

21

LAISSER LA NUIT **FILER AU DAMAS**

Dans la famille branchée, demandez Damas, le petit frère fêtard. Derrière le néon rose posté à l'entrée, Damas vit en deux salles, deux ambiances. Dans la première, un bar-cantine qui regarde en direction du Moyen-Orient et envoie bonnes assiettes et cocktails inspirés. Pour passer la seconde, direction la salle du fond, qu'on rejoint après avoir traversé un couloir plongé dans l'obscurité. Concerts de minimale, son underground et DJ Sets animent la faune branchée façon "90's are back". L'endroit tout indiqué pour se dire que la nuit est jeune.

CRÉDITS : JORGE MATRENO FOR DC/AC

DAMAS
R. DA VOZ DO OPERÁRIO 60
1100-621 LISBOA

MAR : 13h / 2h
MER-JEU : 18h / 2h
VEN-SAM : 18h / 4h
DIM : 18h / minuit
LUN : fermé

aria

60
DAMAS
HOJE nas DAMAS
Há Petiscos

22

SE PROMENER DANS **L'ESTUFA FRIA**

Au nord du parc Eduardo VII, les serres rappellent les tableaux du Douanier Rousseau. De grandes plantes viennent chatouiller le ciel ou presque – serre oblige, les persiennes de bois font office de toit... mais elles laissent filtrer la lumière. Y aller en fin d'après-midi, quand le jour décline doucement et que le ciel devient rose. À noter : à gauche de l'allée centrale, une petite porte mène vers les serres arides et tropicales. Bananiers géants, cactus défiant les normes... On est où là ? Au cœur de la ville.

CRÉDITS : ROXANE DE ALMEIDA @LAROXSTYLE

€€

ESTUFA FRIA
PARQUE EDUARDO VII
1070-051 LISBOA

TOUS LES JOURS : 10h / 19h en été, 9h / 17h en hiver

Gin Lovers

23

UN GIN'TO DANS UNE **MAISON CLOSE**

Confidence olé olé : la géniale série *Maison Close* a été tournée entre les murs de cet ancien palais mauresque. À voir le style néo-orientaliste qui s'étale des colonnes aux fresques, pas difficile de comprendre pourquoi il a été choisi pour incarner le décor du Paradis. Aujourd'hui, le palais abrite un immense concept-store dédié aux jeunes créateurs portugais... Et on peut y boire un gin'to à l'endroit même où les "filles" de *Maison Close* sirotaient le champagne.

CRÉDITS : SAMUEL CASTELO

EMBAIXADA
PRAÇA DO PRÍNCIPE REAL 26
1250-184 LISBOA

€€

Horaires du bar Gin Lovers & Less (différents des horaires d'ouverture du concept store) :
DIM-MER : 12h / minuit
JEU-SAM : 12h / 2h

24

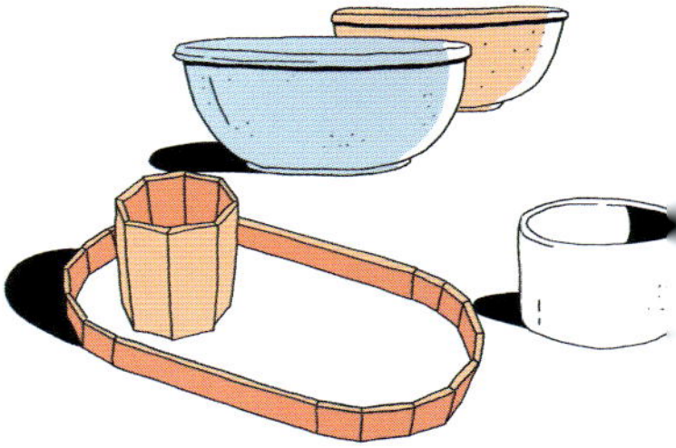

LA JEUNE GARDE **DE LA CÉRAMIQUE**

L'histoire des fondatrices de Se.di.men.to, Maud Téphany et Ursula Duarte, parle de reconversion. Toutes deux ont troqué leur vie derrière l'ordi (webdesign pour l'une, architecture pour l'autre) contre les mains dans la terre. Et de la céramique, elles ne se bornent pas à en créer ou à en vendre de belles pièces dans leur boutique-atelier : elles utilisent aussi l'espace pour partager leur passion au cours de workshops ouverts à tous.

SE.DI.MEN.TO
TRAVESSA SANTO ILDEFONSO, 31
1200-667 LISBOA

LUN-MAR-JEU : 11h / 21h
MER-VEN-SAM-DIM : 11h / 18h

SE.DI.MEN.TO

25

3 TABOURETS **ET 1 LIQUEUR**

Question spiritueux portugais, il y a un monde au-delà du Porto. Et dans ce monde, la Ginha, Ginjinha ou liqueur de griottes, est sur le podium. Celle du comptoir GinjinhaSem Rival, ouvert en 1890, a longtemps été fabriquée dans l'arrière-boutique. Et depuis le XIXe siècle, la question posée aux clients à peine accoudés au comptoir n'a pas changé : "Com o sem elas ?". Avec ou sans griottes ? On vous conseille avec – même (surtout) si c'est traître ! Votre petit verre sera servi à ras bord : c'est la tradition qui l'impose. Quant à savoir si c'est vraiment la meilleure Ginjinha, il suffit de traverser la rue pour aller goûter celle du voisin…

GINJINHA SEM RIVAL
R. PORTAS DE SANTO ANTÃO 7
1150-268 LISBOA

€

LUN-VEN : 8h / minuit
SAM-DIM : 9h / minuit

7
7
GINJINHA SEM RIVAL
DE
J. Manuel L. Cima
EDUARDINO (EXCLUSIVO)
· MARCA REGISTADA ·

PALÁCIO BELMONTE

MEMMO ALFAMA

26

DORMIR AVEC LISBONNE **À SES PIEDS**

Mettre votre tête-à-tête avec Lisbonne en veilleuse pendant la nuit ? Non merci. Choisissez plutôt de vous endormir avec Lisbonne au bout du lit et d'ouvrir les yeux sur le même panorama, version jour.

MEMMO ALFAMA

L'hôtel se cache dans l'Alfama, au fond d'une impasse aux pavés irréguliers. Sur le toit-terrasse, on glisse dans la piscine rouge pour quelques brasses avec vue. Et dans les chambres 31 et 33, l'Alfama est juste là, au bout du lit, dédale de toits qui dégringolent jusqu'à la Mer de Paille.

CRÉDITS : MARKO ROTH (PALÁCIO BELMONTE)

€€€

MEMMO ALFAMA
TV. MERCEEIRAS 27
1100-348 LISBOA

PRIX : 150-350 € la nuit

+351 21 049 5660

PALÁCIO BELMONTE

Lisbonne, début XVIIIe. Valentim de Almeida peint de splendides azulejos aux murs de ce palais. Trois siècles plus tard, vous y dormez, dans une suite princière qui porte le nom "Ricardo Reis", d'après l'un des doubles fictifs de Pessoa. Comme si ça ne suffisait pas, votre chambre se prolonge d'une terrasse avec vue sur le jardin de l'hôtel, les toits de l'Alfama et le Tage, toujours...

CRÉDITS : MARC VAZ (DROITE)

PALÁCIO BELMONTE
PÁTIO DE DOM FRADIQUE 14
1100-624 LISBOA

PRIX : à partir de 500 € la nuit

+351 21 881 66 00

Torel Palace

TOREL PALACE

Une belle adresse perchée sur la colline Sant'Ana, à quelques pas du Jardim do Torel. Au-delà de la terrasse, de la piscine et de la paix royale qui vous attendent quelle que soit votre chambre, on vous conseille de poser votre valise dans la 6, la 8 ou la 28. Grandes fenêtres, petit balcon et vue démente sur le cœur de la ville.

CRÉDITS : TOREL PALACE

TOREL PALACE
R. CÂMARA PESTANA 23
1150-082 LISBOA

€€€

PRIX : 110-350 € la nuit

+351 21 829 0810

MEMMO ALFAMA

27

PETIT CAFÉ, **GRAND ANGLE**

Explorer, marcher, grimper, courir : très bien… Mais où est la pause, dans tout ça ? Elle est ici, entre les murs de ce café, en dessous d'un théâtre. On y fait escale sur un fauteuil face aux baies vitrées, le temps de ralentir son rythme cardiaque, faire le point et boire un latte avec Lisbonne version panoramique en vis-à-vis.

CAFÉ DA GARAGEM
TEATRO TABORDA
COSTA DO CASTELO 75
1100-178 LISBOA

€

MAR-VEN : 17h / minuit
SAM-DIM : 15h / minuit

CAFÉ DA GARAGEM

28

PASTEL DE NATA VERSUS PALMIER : **LE MATCH SUCRÉ**

PASTEL DE NATA

Si Lisbonne avait un goût, ce serait celui du pastel de nata. Oui mais voilà : il a été inventé au XIXe siècle par des religieuses du Couvent de Belém (qui était à l'époque distincte de Lisbonne). La "Pastelaria de Belém" perpétue depuis 1837 la tradition et vend ces pâtisseries sous le nom de "Pastel de Belém" à des hordes de touristes venus goûter l'original, celui par lequel tout a commencé. Attendre longtemps n'est pas une fatalité : dans la pâtisserie Aloma, qui a plusieurs fois gagné le prix du meilleur pastel de nata, il est préparé minute, servi tiède, saupoudré de cannelle… et avalé au-dessus du comptoir en moins de temps qu'il ne faut pour l'écrire. Les plus patients en feront un goûter, au superbe Jardim da Estrela, tout proche.

€

PASTELARIA ALOMA
R. FRANCISCO METRASS 67
1350-013 LISBOA

LUN-DIM : 7h / 20h

PASTELARIA O CARECA
R. DUARTE PACHECO PEREIRA 11D
1400-139 LISBOA

MER-LUN : 8h / 20h
MAR : fermé

PALMIER

Au-dessus de Belém, dans le quartier de Restelo, la Pastelaria O Careca tient de l'institution locale. Les habitués se pressent chez "le chauve", du surnom donné à celui qui a ouvert les lieux en 1954. La rançon du succès ? Il faut maintenant prendre un ticket à l'entrée et attendre son tour quelques minutes, juste le temps de détailler la vitrine renversante avant d'arrêter son choix sur la spécialité maison : le palmier. Mais pas n'importe lequel. Le meilleur palmier de la ville, juste équilibre d'une pâte parfaitement feuilletée, grillée, légèrement caramélisée, croustillante et sucrée.

29

PARLER À DES INCONNUS **AU PROCÓPIO**

Depuis 1972, la petite porte rouge de ce bar de nuit a vu défiler nombre d'initiés, venus là pour perdre la notion de l'époque. D'ailleurs, dans la petite salle où les serveurs voltigent en nœud pap', les styles et les siècles se télescopent : les abat-jours à pampilles frôlent les fauteuils crapaud, les bibelots flirtent avec des illustrations des années 1930… Pour ne rien perdre du spectacle, choisissez la table du fond perchée sur une petite estrade, ou une place au bar, tout en buvant une Caipï ou une Amendoa Amarga. Bon à savoir : comme on est encore un peu en 1972, fumer est autorisé.

PROCÓPIO
ALTO DE SÃO FRANCISCO 21
1250-228 LISBOA

€

LUN-VEN : 18h / 3h
SAM : 21h / 3h
DIM : fermé

30

COMME À LA MAISON (PORTUGAISE)

Bienvenue chez Zé, qui régale son petit monde depuis vingt ans. Dans une salle bardée de photos de famille (au sens large, des habitués), on dit à une personne venue seule : "Pour vous, ce sera une demi-portion. C'est beaucoup mais on ne peut pas faire moins".

Sur la nappe à carreaux débarque un bacalau asado, escorté de pois chiches, de pommes de terre, d'oignons chips, le tout copieusement arrosé d'huile d'olive. De quoi nourrir... une famille, justement. Mais le meilleur reste de voir des grappes de Portugais, toutes générations et horizons confondus, se filer les plats sur les grandes tables, dans un génial brouhaha familial.

Pour en être, il faut arriver à midi pile. Et même là, vous devrez peut-être attendre dans la rue, un verre de vin blanc frais à la main...

ZÉ DA MOURARIA
R. JOÃO DO OUTEIRO 24,
1100-341 LISBOA

LUN-SAM : 12h / 16h
DIM : fermé

RESERVAMOS A SALA PARA GRUPOS AOS JANTARES
SELEÇÃO

Dans la collection «Soul Of»,
la 31e adresse ne vous sera jamais révélée
car elle est trop confidentielle. À vous de la trouver.

31

DÎNER CLANDESTIN

Google Maps est formel : vous êtes arrivé à destination. Et pourtant rien, pas l'ombre d'un signe. Pour trouver le restaurant, il vous faudra jeter un oeil au premier étage des maisons de la rue. Quand vous voyez de la lumière et de l'agitation, montez.

Ce qui vous attend vaut son pesant de nouilles : un appart' rempli de tables de curieux venus là pour dîner clandé. Dans les assiettes, la cuisine de Shandong, province de l'est de la Chine. Peut-être pas le dîner le plus fin qui soit, mais l'insolite de l'expérience vous le fera vite oublier...

€

UNE PISTE : C'EST DANS LE QUARTIER
DE LA CALÇADA DO MONTE
LISBOA

ACAF

MAIS AMOR
STASH
LUCA

MEMMO ALFAMA

ZON
ZON
ZON

MUITO OBRIGADO / MERCI BEAUCOUP

Jérôme C, João-Maria MS, Sofia M, Peter O, Chloé S, Miguel C, Miguel J, Alexander W, Nelson P, Rita A, Luca P, Ruben O et Anne-Laure B

Le livre a été réalisé par :
Fany Péchiodat et Lauriane Gepner, auteurs
Nathalie Chebou, chef de projet
Coline Girard, illustratrice
Paula Franco @lisbonbylight, photographe
Andrea Nuñez @andreannu, photographe couverture
Stéphanie Benoit, maquette
Clémence Mathé, édition

Vous pouvez nous écrire à contact@soul-of-cities.com
Retrouvez-nous sur Instagram sur @soul_of_guides

Dépôt légal : Juin 2019 – Édition : 01
ISBN : 978-2-36195-335-5
Imprimé en France par Pollina - 89667